Je décide de plaquer :

❏ le boulot
❏ les boulets
❏ ....
❏ ....
❏ ....
❏ ....
❏ ....
❏ ....
❏ ....
❏ ....

Je choisis de ne plus aller :

❏ aux fêtes obligatoires
❏ aux repas de famille
❏ ....
❏ ....
❏ ....
❏ ....
❏ ....

nom :
prénom :
date :
signature :

À Jérôme qui a tout plaqué pour faire le tour du monde,
à Mathieu qui n'a rien plaqué et qui a fait le tour de son bureau,
et à tous ceux qui rêvent de tout plaquer...

Sors du moule.

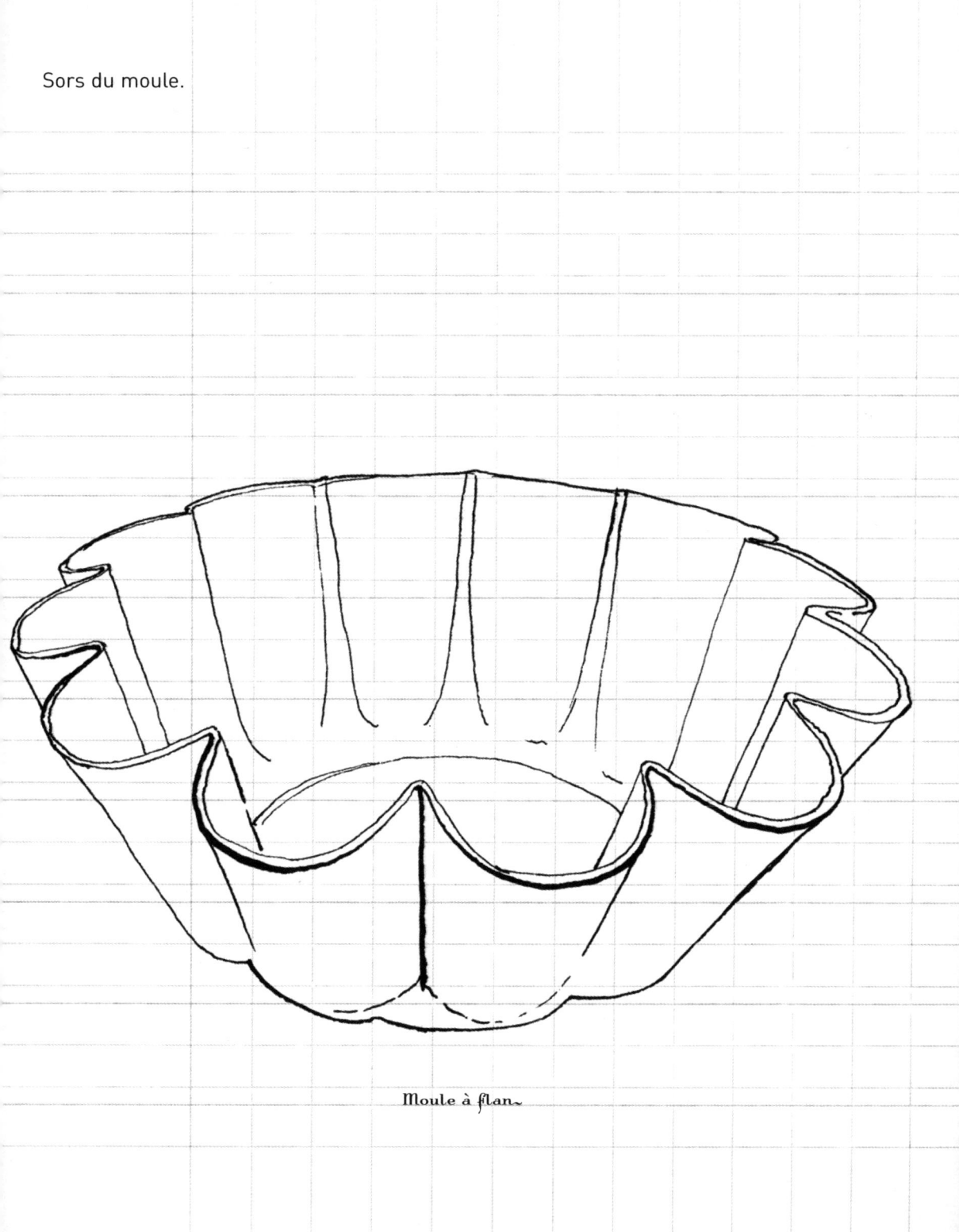

Moule à flan

Affirme-toi : apprends à cocher la bonne case.

❏ OUI ❏ OUI ❏ OUI ❏ OUI
☒ NON ❏ NON ❏ NON ❏ NON

❏ OUI ❏ OUI ❏ OUI ❏ OUI
❏ NON ❏ NON ❏ NON ❏ NON

❏ OUI ❏ OUI ❏ OUI ❏ OUI
❏ NON ❏ NON ❏ NON ❏ NON

❏ OUI ❏ OUI ❏ OUI ❏ OUI
❏ NON ❏ NON ❏ NON ❏ NON

❏ OUI ❏ OUI ❏ OUI ❏ OUI
❏ NON ❏ NON ❏ NON ❏ NON

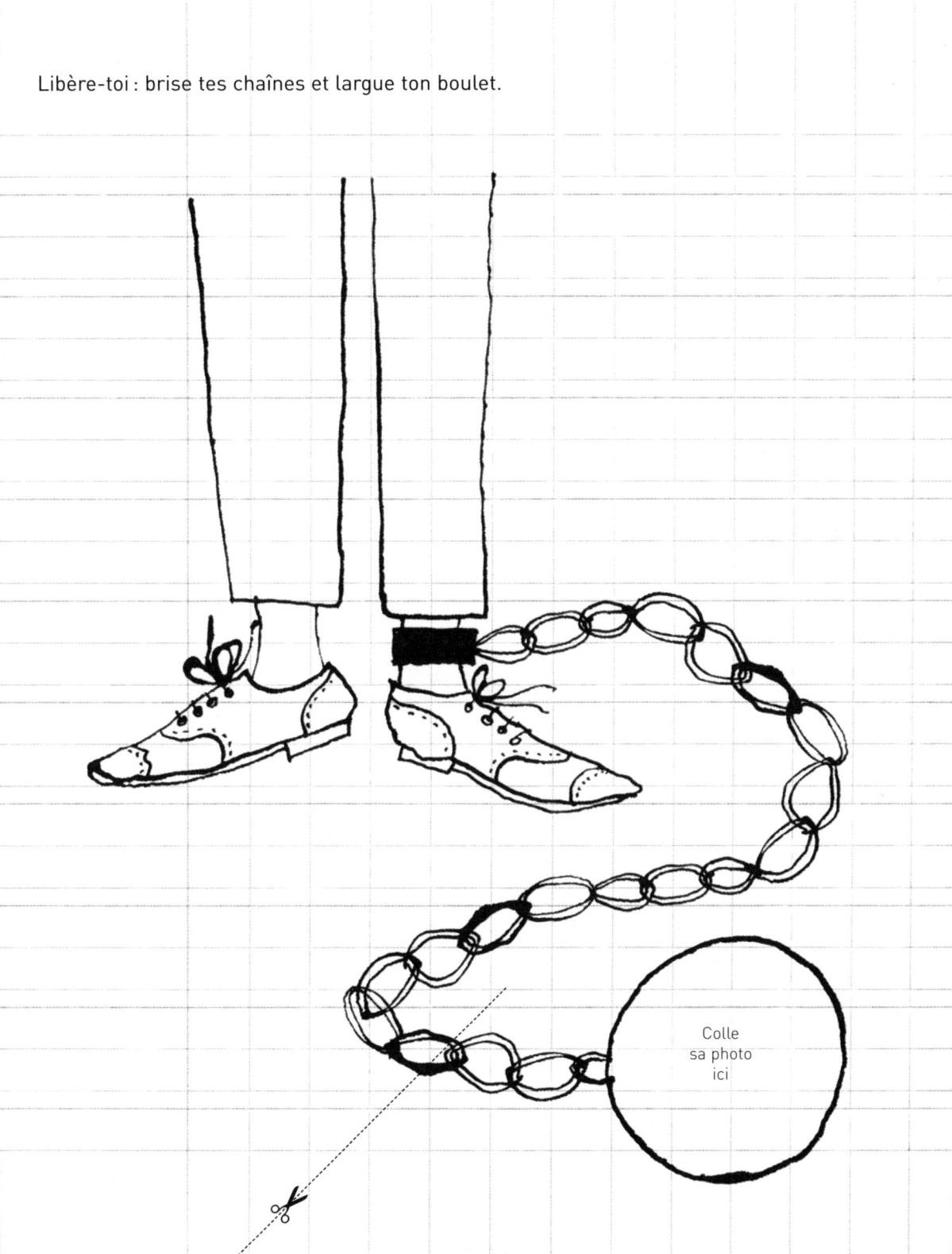

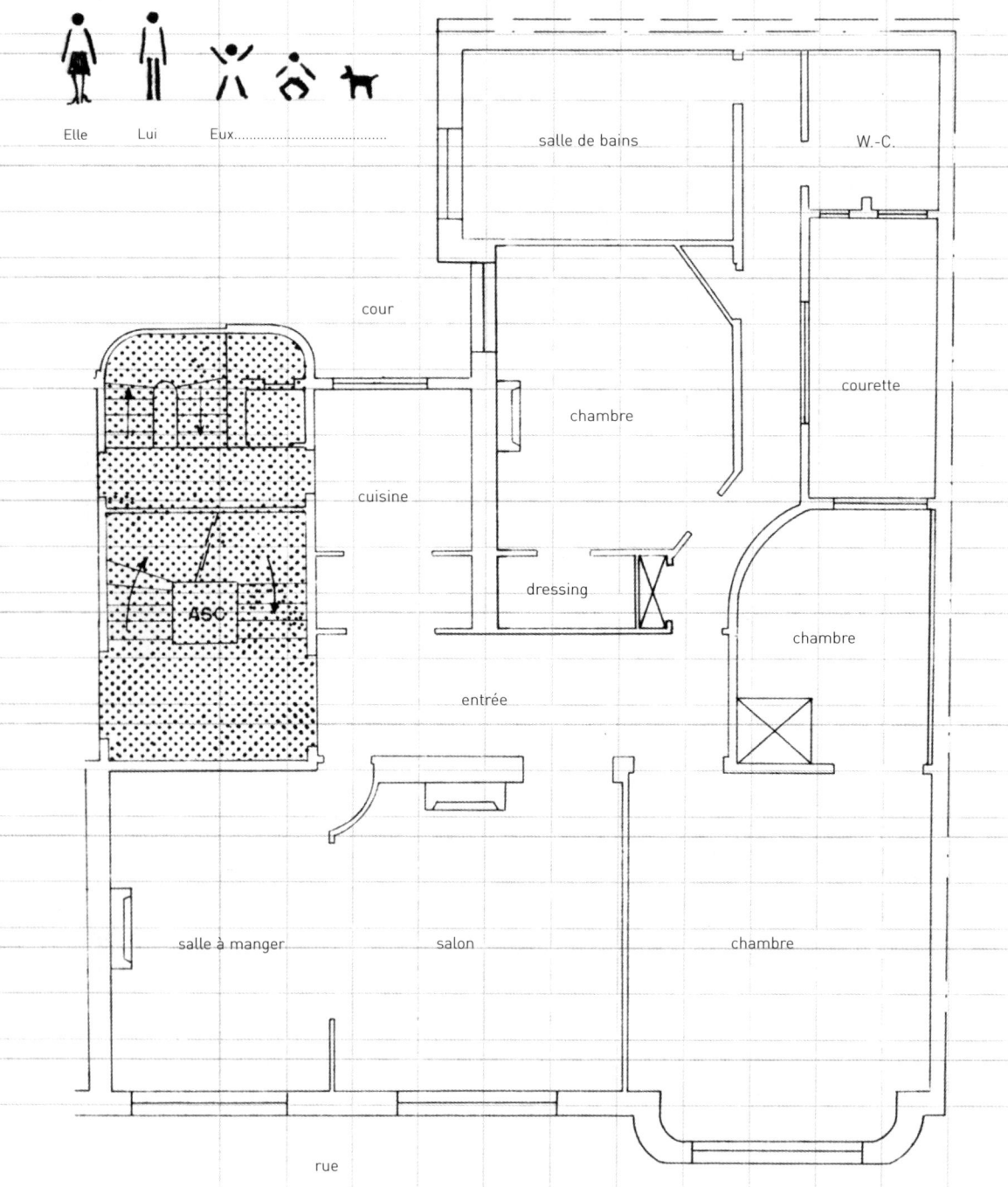

Occupe-toi de tes oignons.

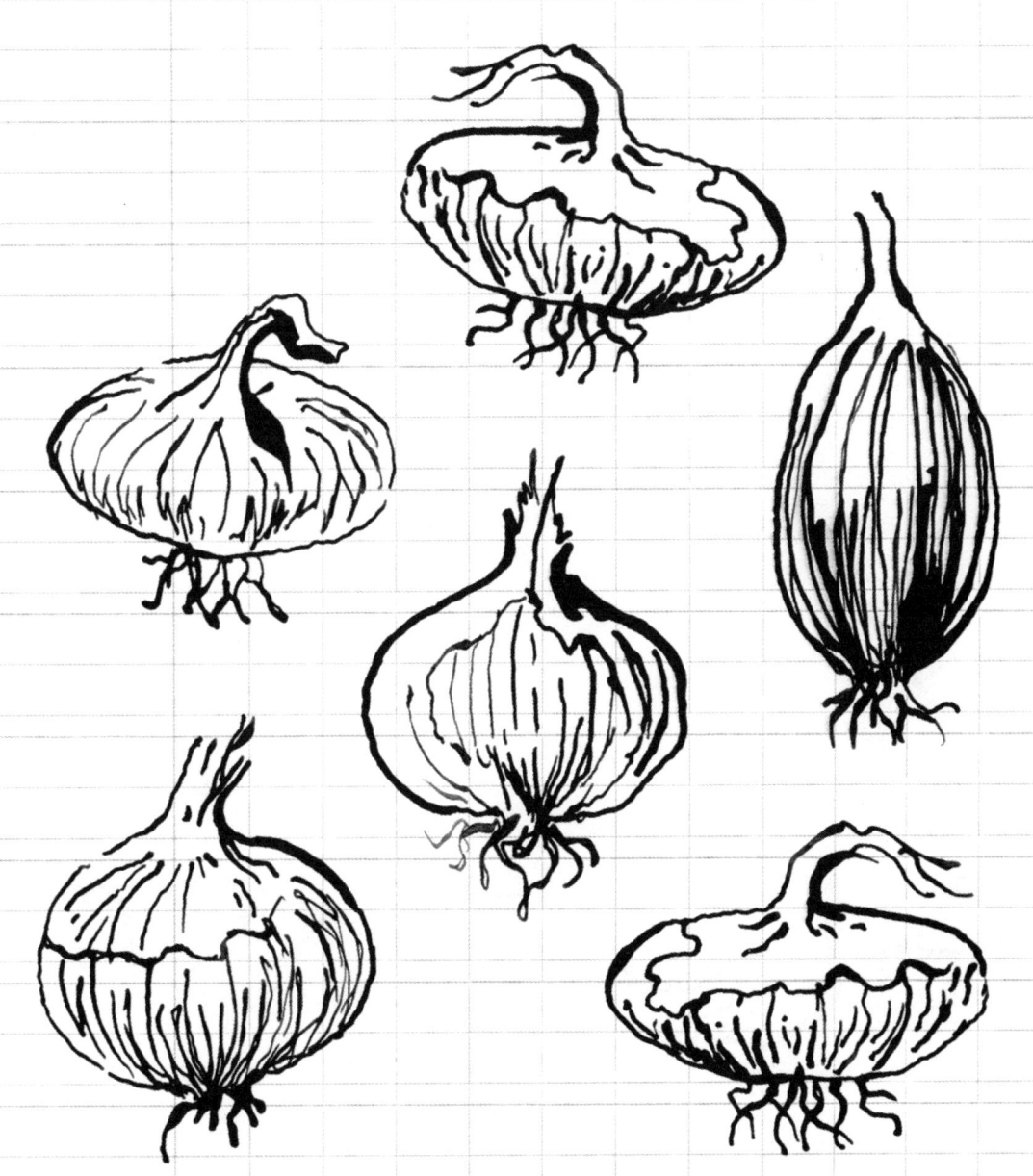

Idées : tu peux les découper (sans pleurer) ou les planter là.

Apprends à te défendre : sors tes piques.

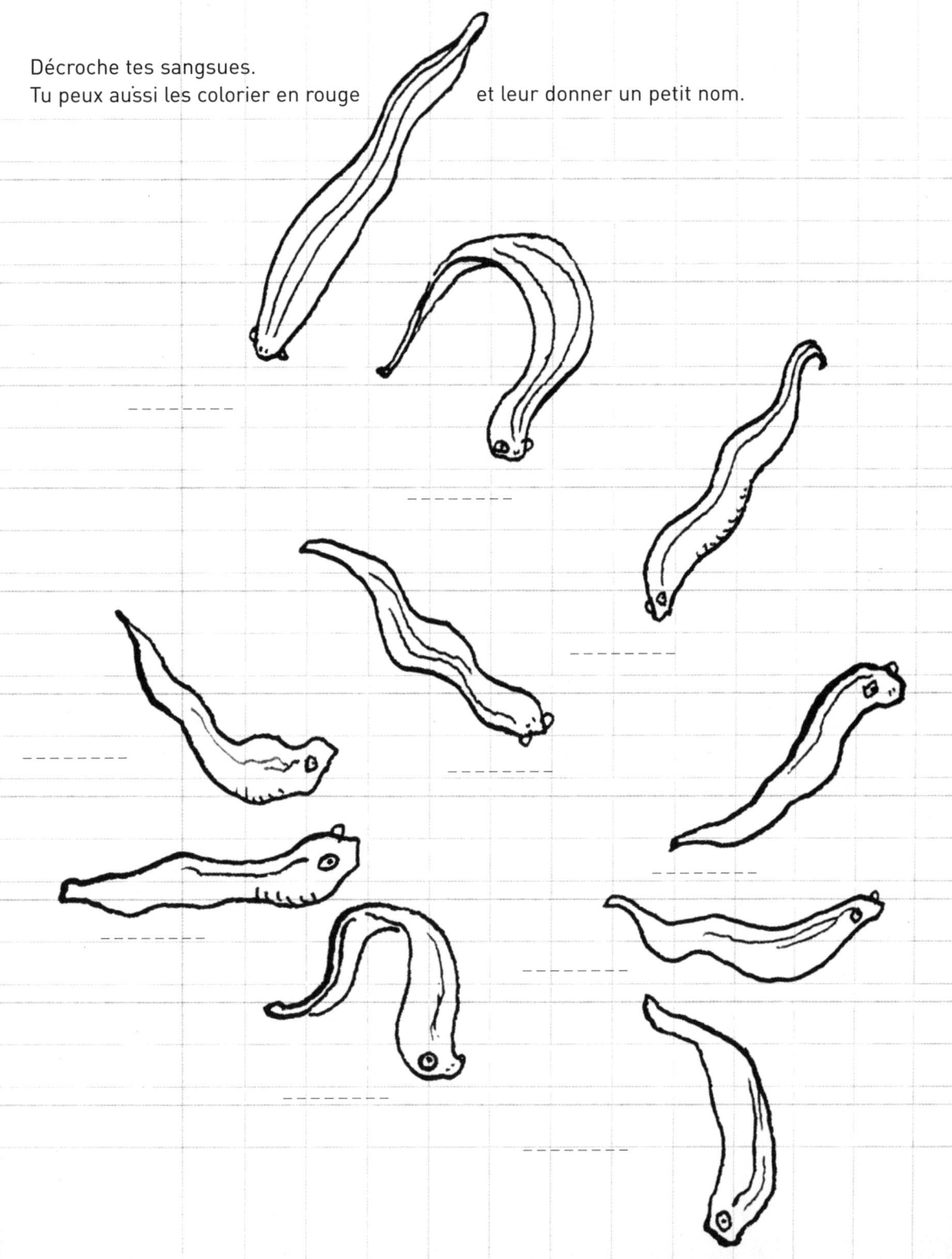

On t'a collé une étiquette ? Eh bien, colle-t'en plein d'autres !

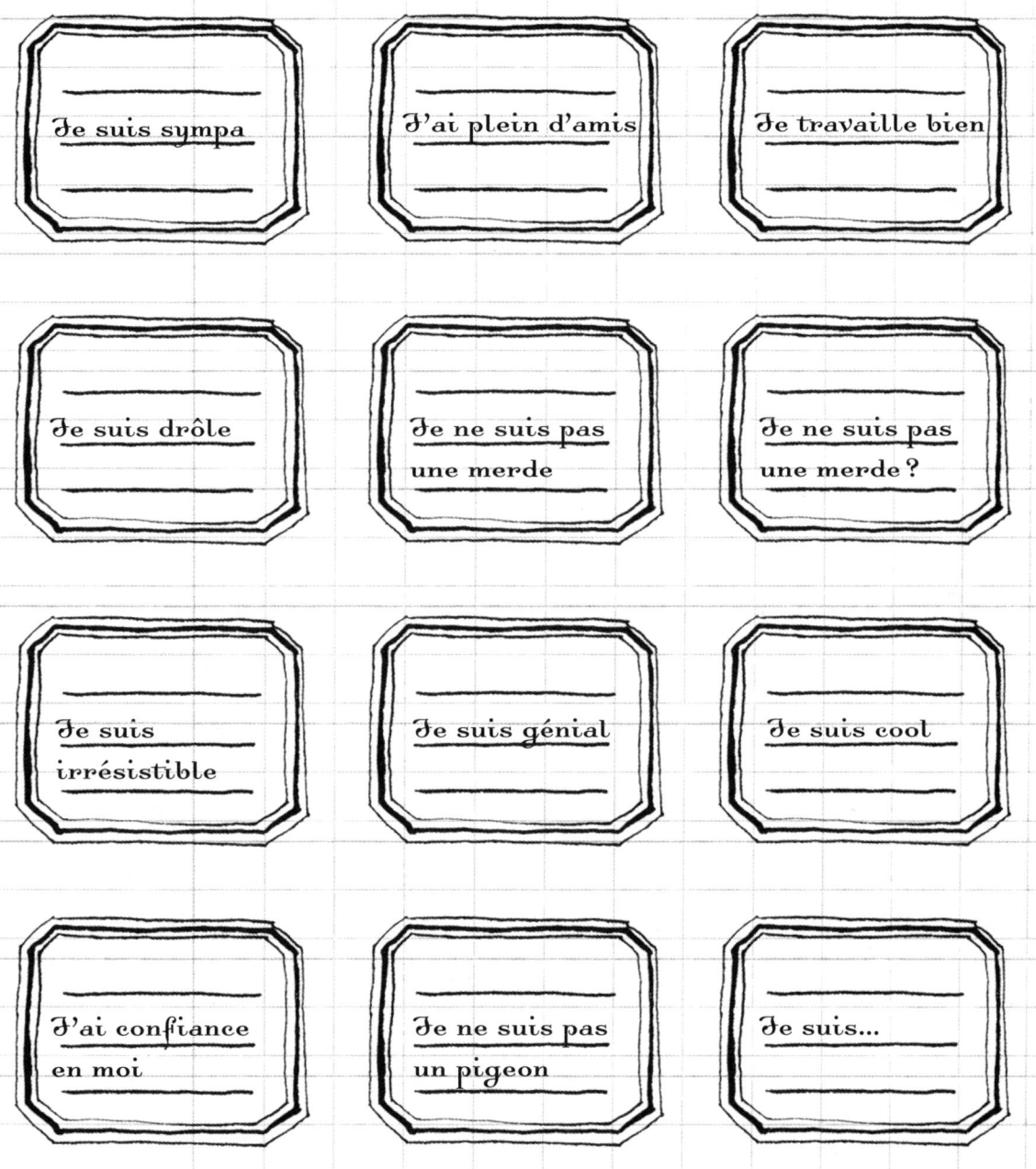

Décolle le portable de ton oreille, pose ta tête sur la page, et écoute l'appel du large...

Prends du recul et vise bien pour que ton voyage ne tombe pas à l'eau.

Tu n'es pas seul(e) ! Dessine tes copains de galère.

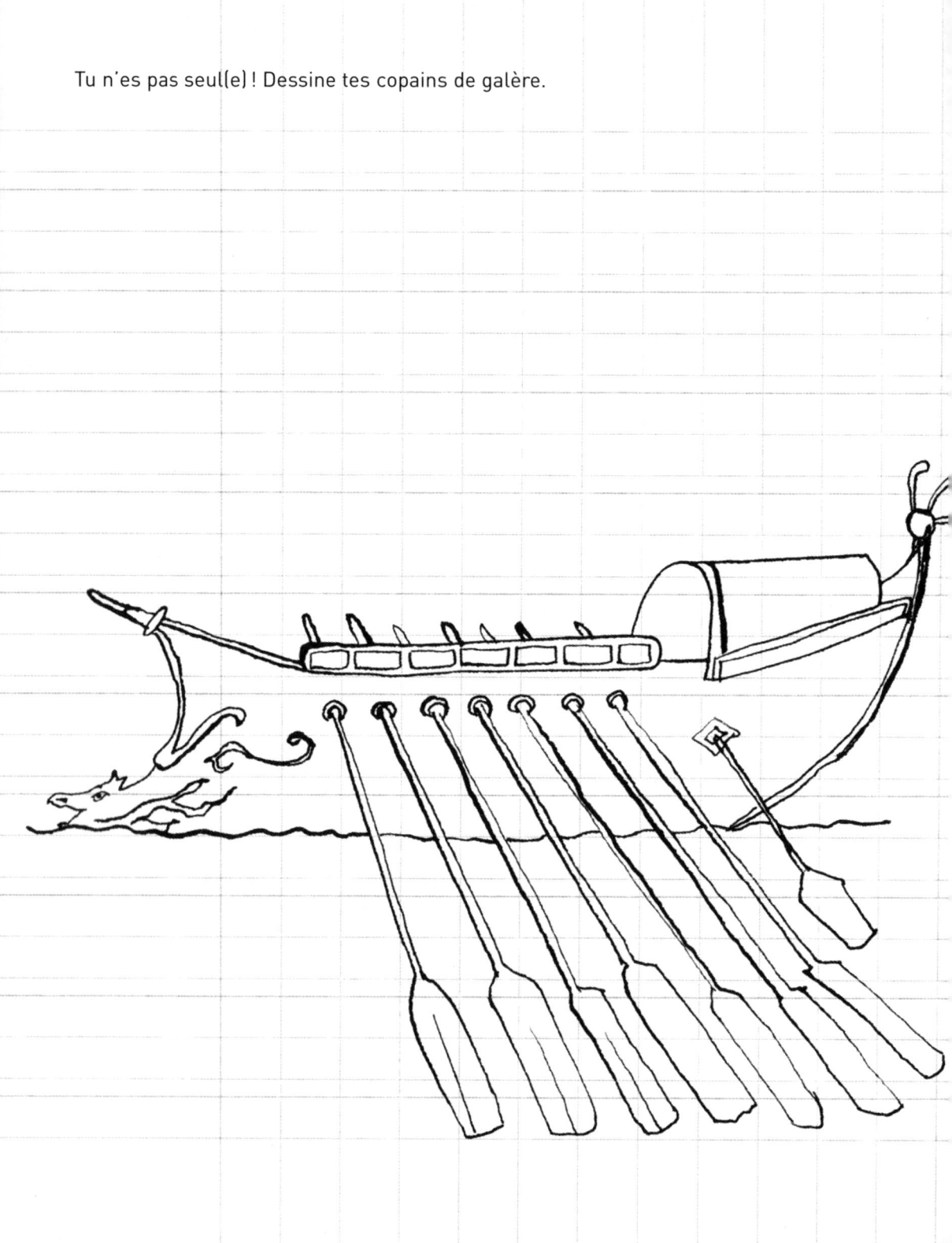

Arrête de ramer, mets les voiles.

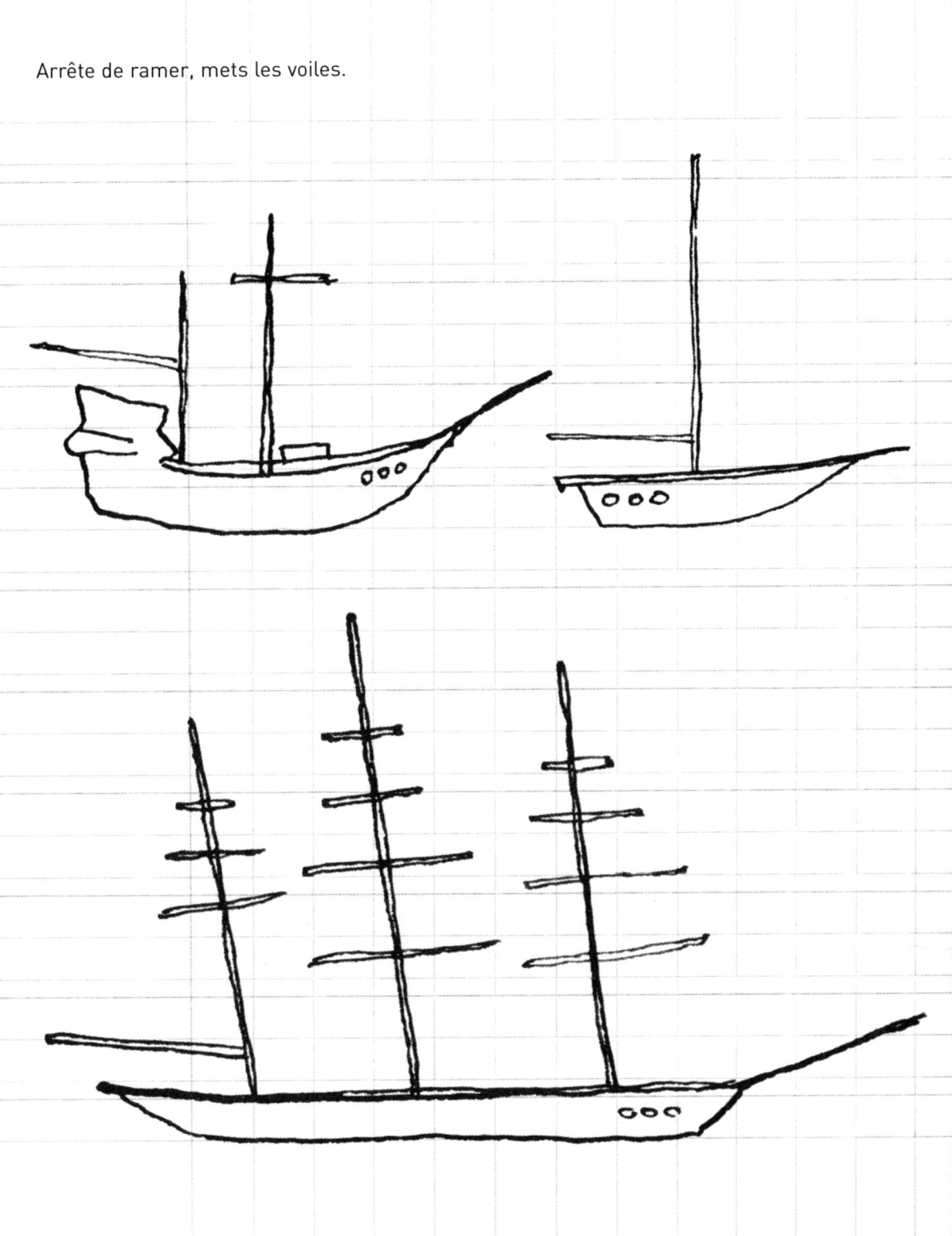

Marre d'être dans l'ombre des autres ? Dessine-toi à l'ombre du palmier.

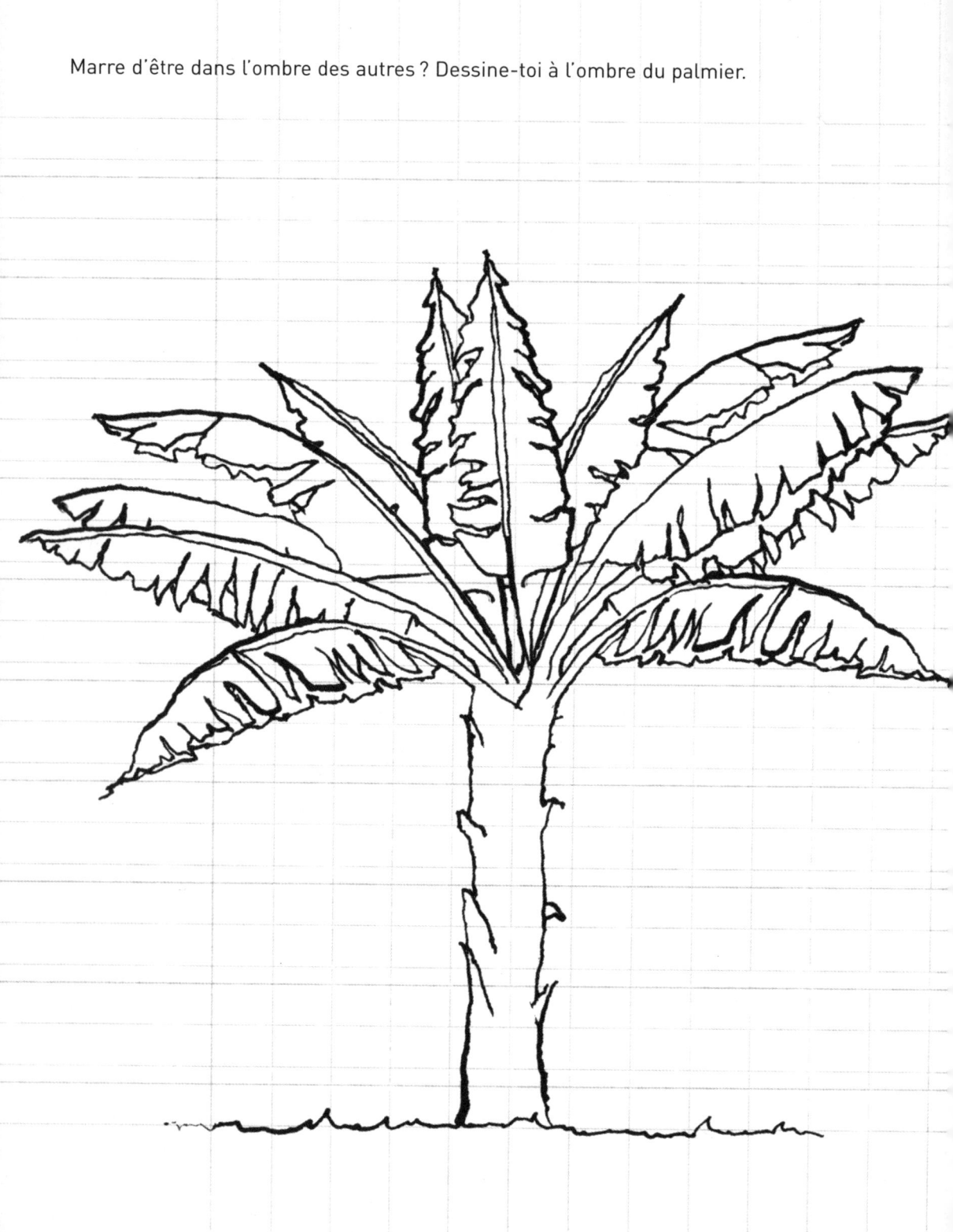

Dessine un panier...

Ose enfin t'exprimer : fais parler la carpe.

Tu as carte blanche, écris à tes proches...

Souvenirs-souvenirs

... et envoie-la par avion.

Dessine d'autres puces et secoue la page.

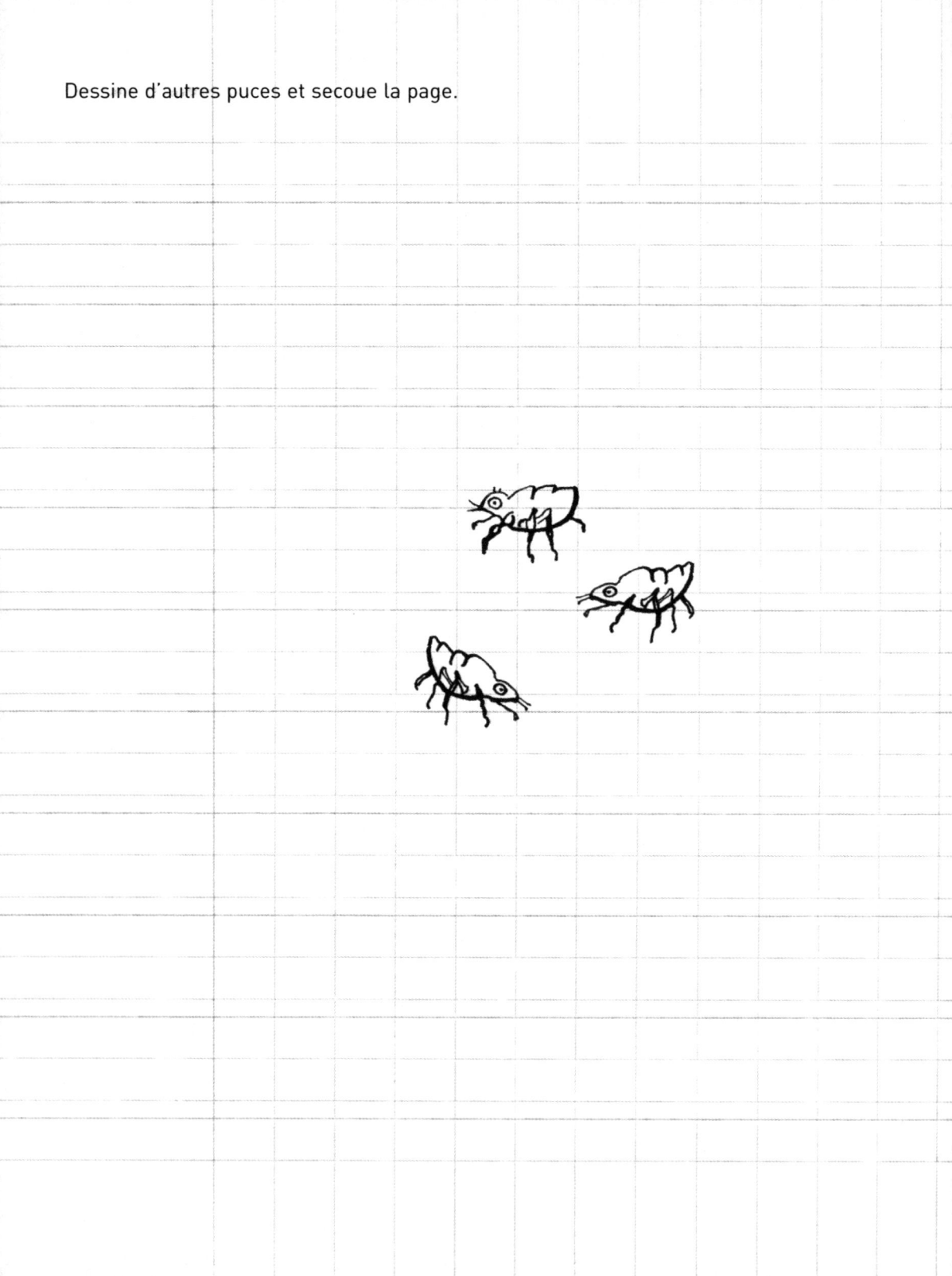

Bon pour aller chez le psy. Colorie, découpe et vas-y.

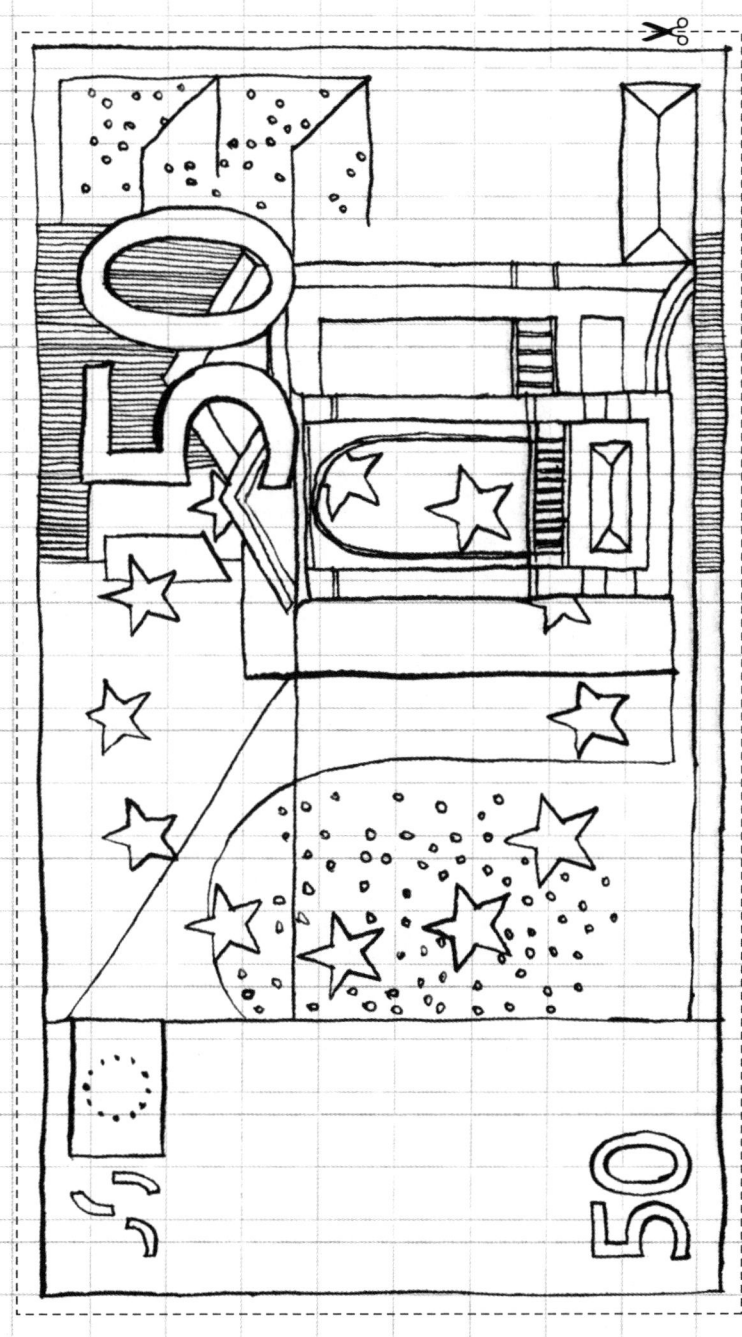

Tout te rase ? Laisse-toi pousser la barbe.

Provoque ta chance : complète les trèfles.

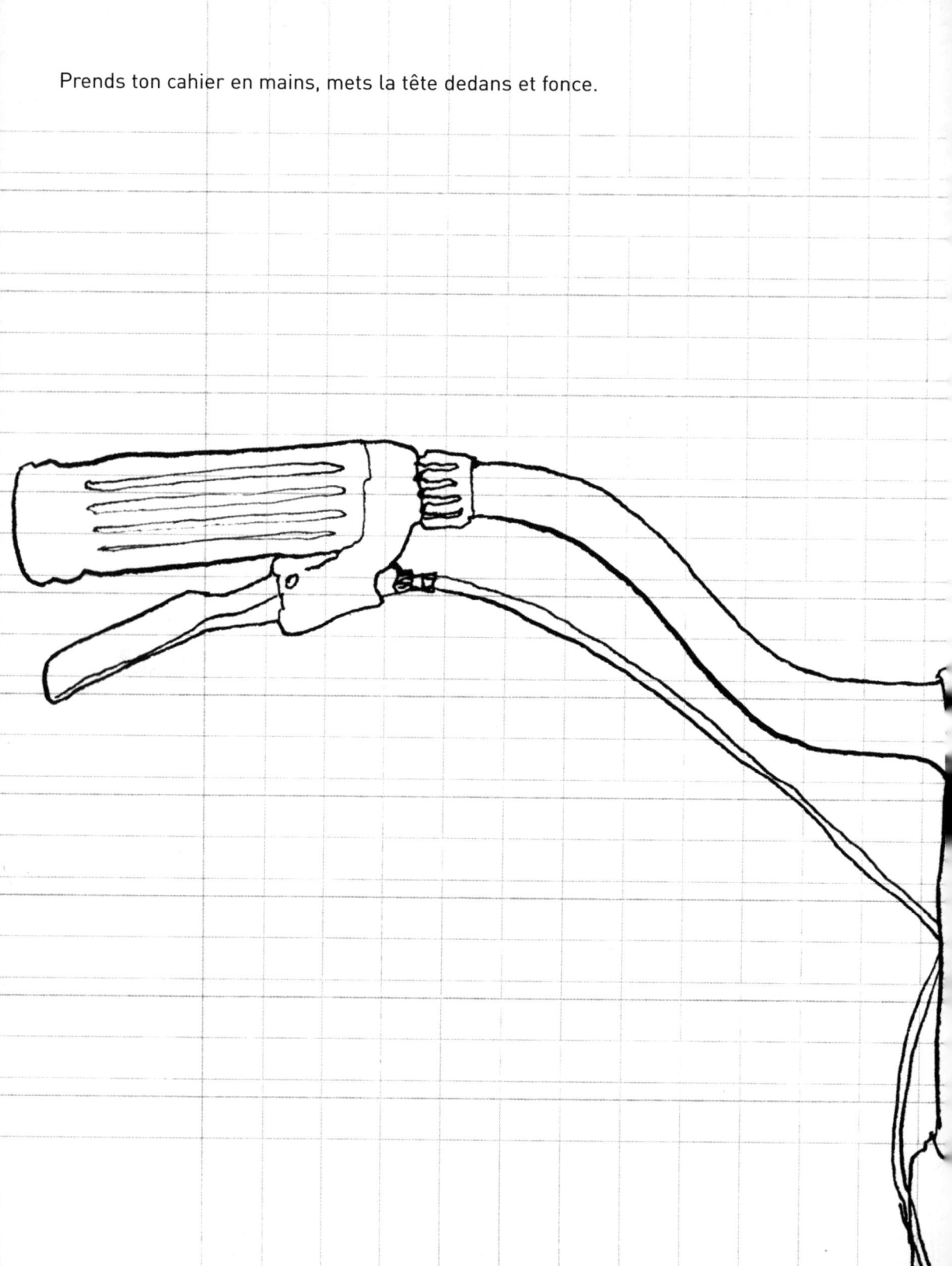

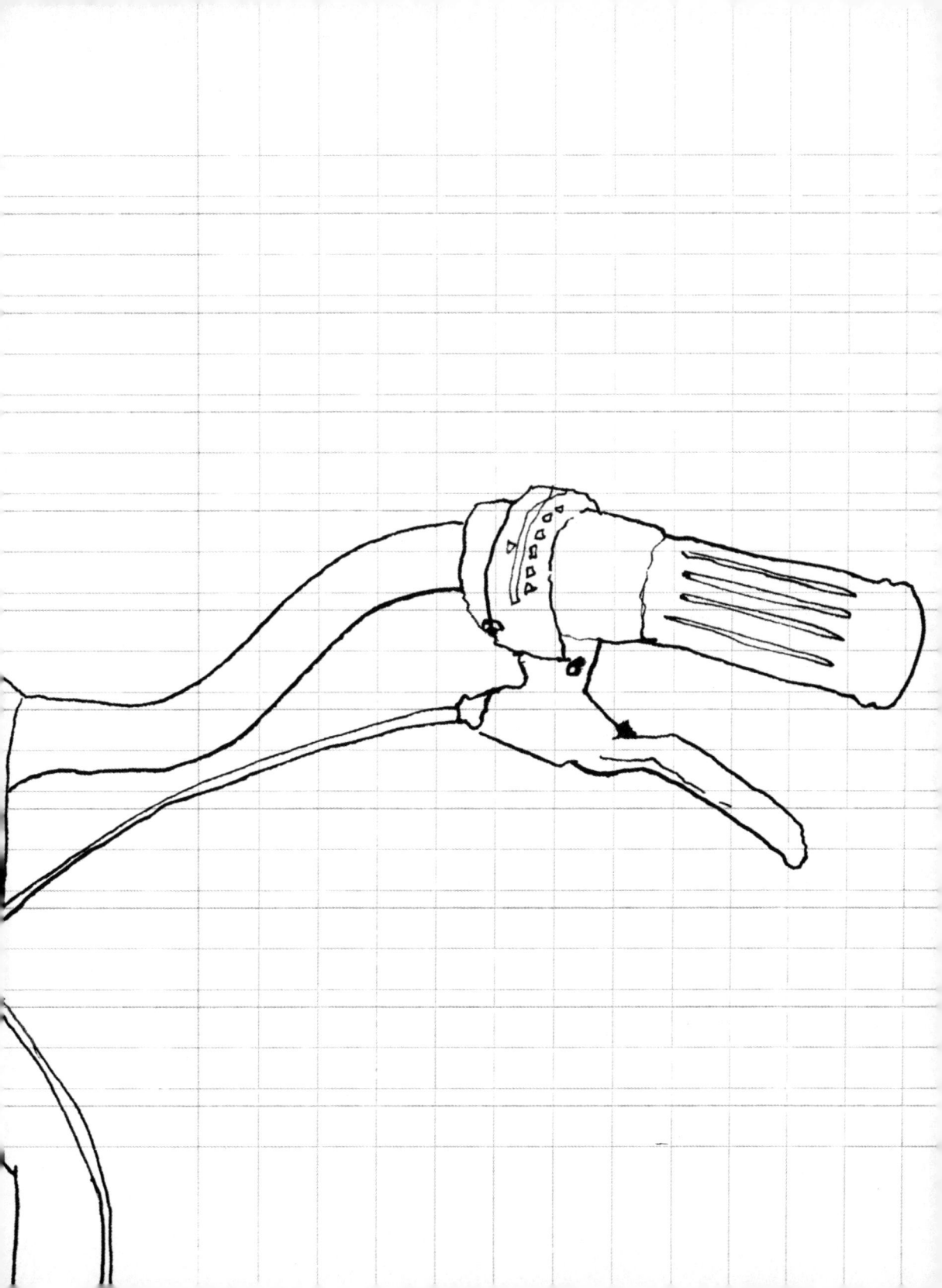

Envie de te faire virer ? Ramène ta fraise à la prochaine réunion pour la colorier.

Chaque fois que ton boss te fait une réflexion, donne-lui un bon point démission.

1	1	1
BON POINT DÉMISSION	**BON POINT DÉMISSION**	**BON POINT DÉMISSION**
1	**1**	**1**
BON POINT DÉMISSION	**BON POINT DÉMISSION**	**BON POINT DÉMISSION**
1	**1**	**1**
BON POINT DÉMISSION	**BON POINT DÉMISSION**	**BON POINT DÉMISSION**
1	**1**	**1**
BON POINT DÉMISSION	**BON POINT DÉMISSION**	**BON POINT DÉMISSION**
1	**1**	**BRAVO !**
BON POINT DÉMISSION	**BON POINT DÉMISSION**	**VOUS AVEZ GAGNÉ MA DÉMISSION**

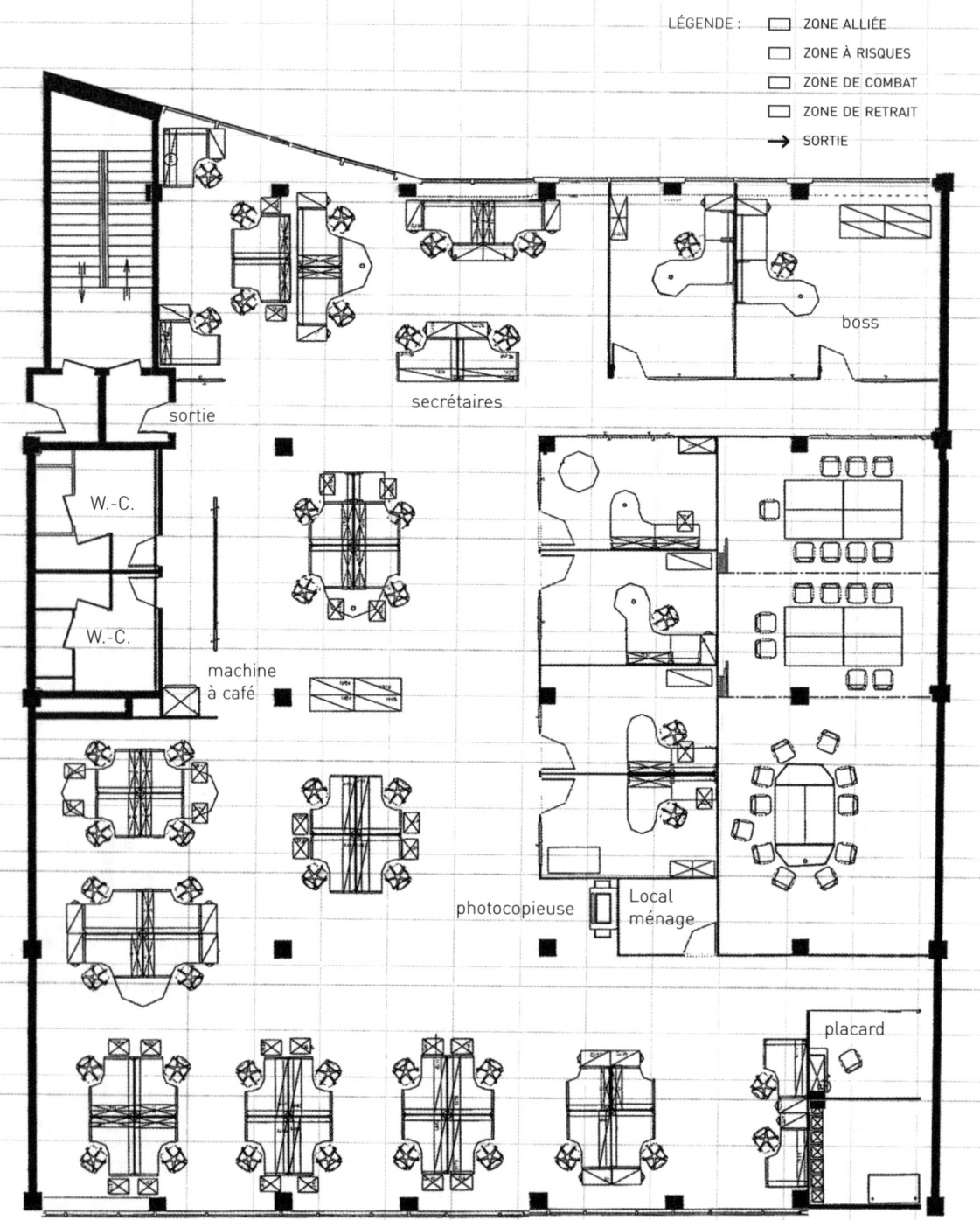

Prépare ton pot de départ : colorie les coupes sans déborder.

Envie de te défouler ? Fais photocopier cette page à ton stagiaire.

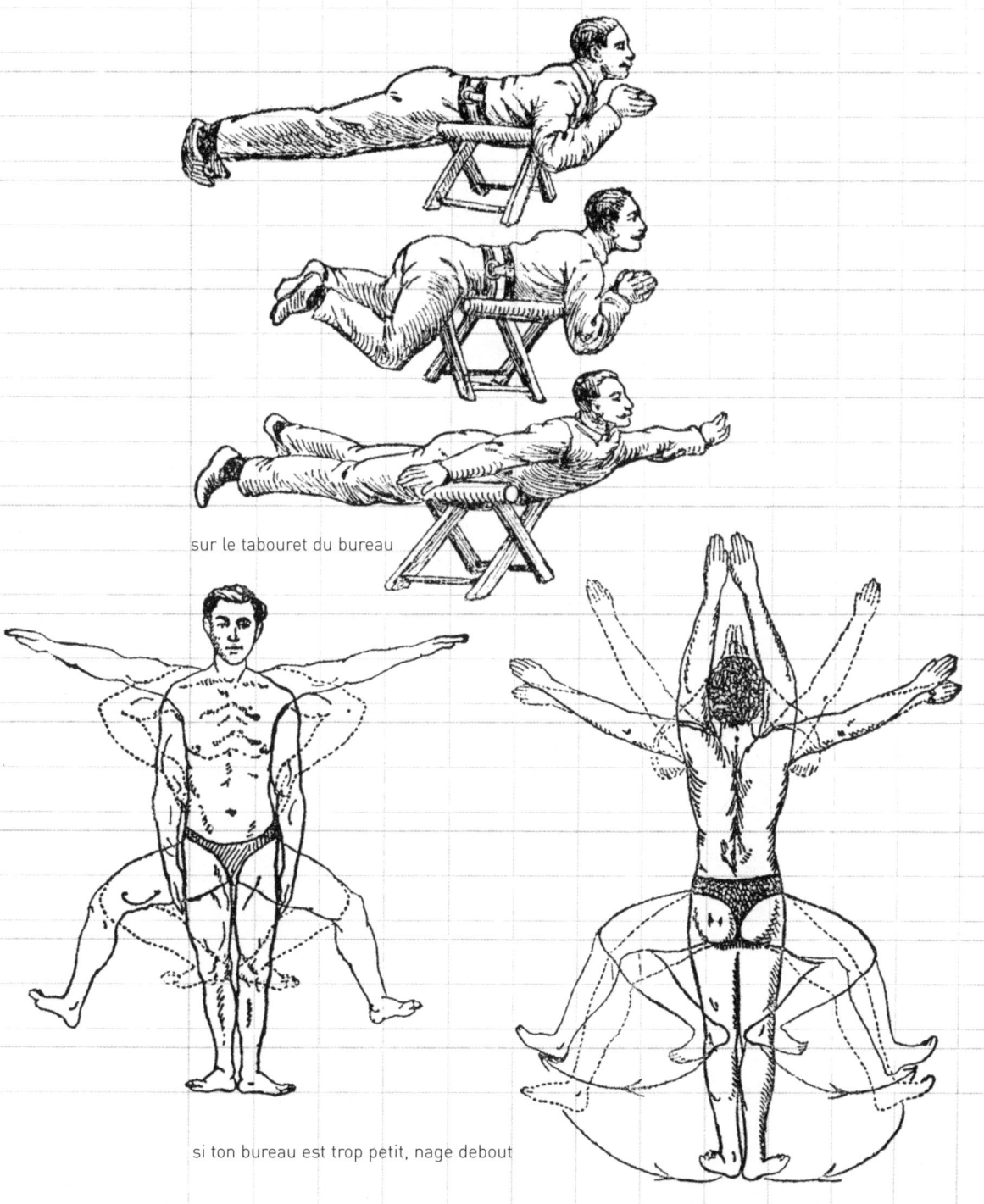

Dernière leçon : plaque ton boss.

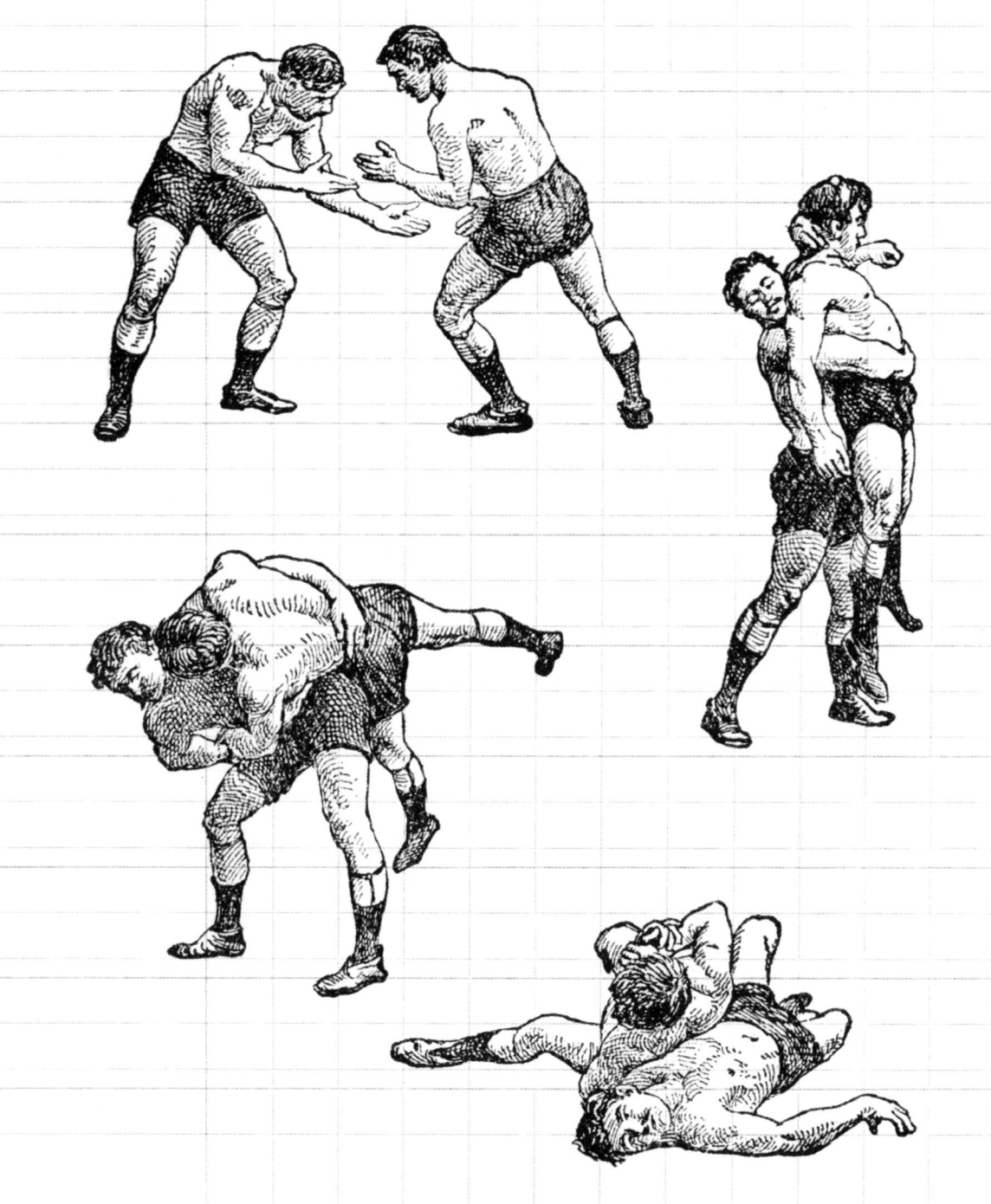

Monte ta boîte.

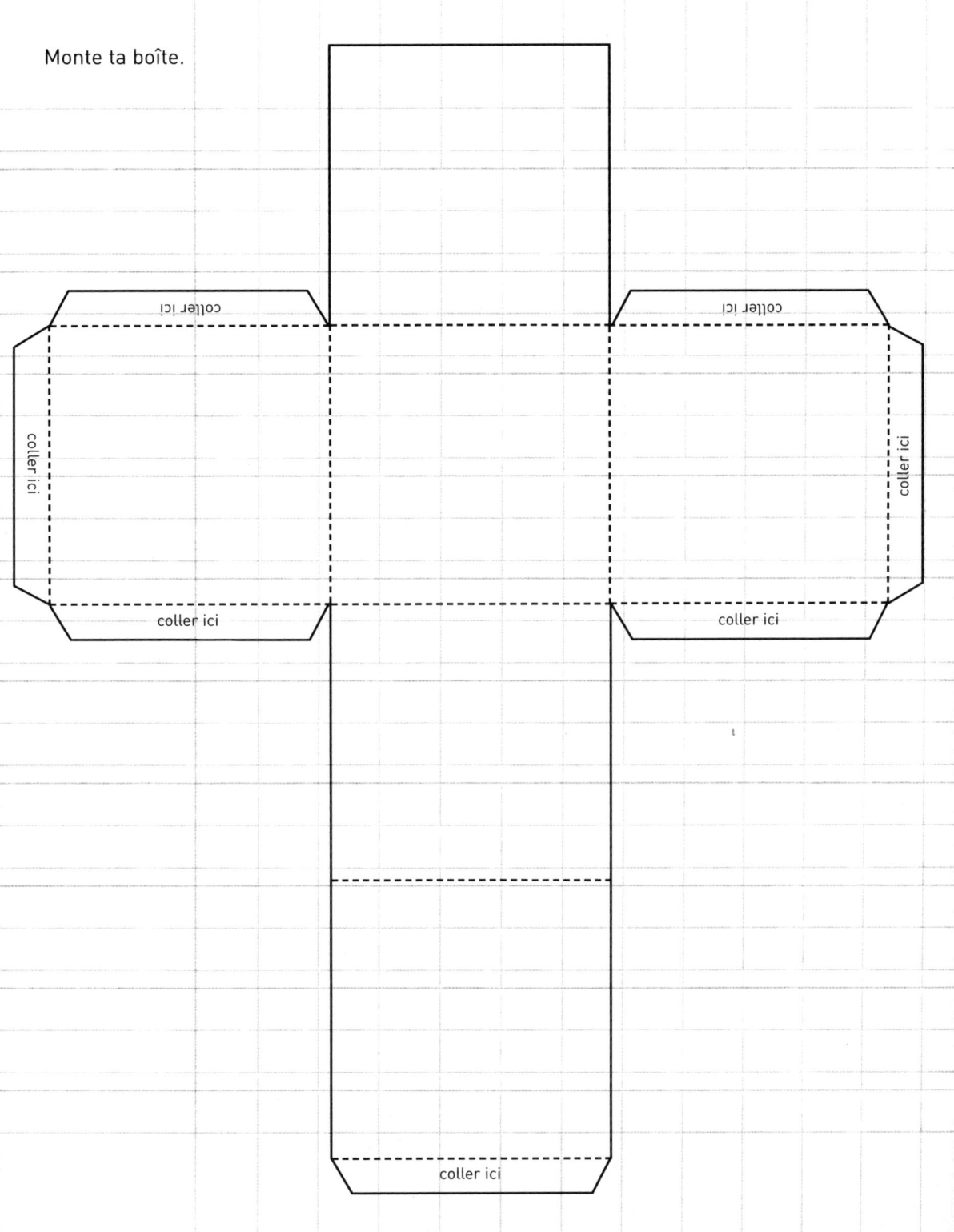

Accroche tes boules de nerfs au sapin.

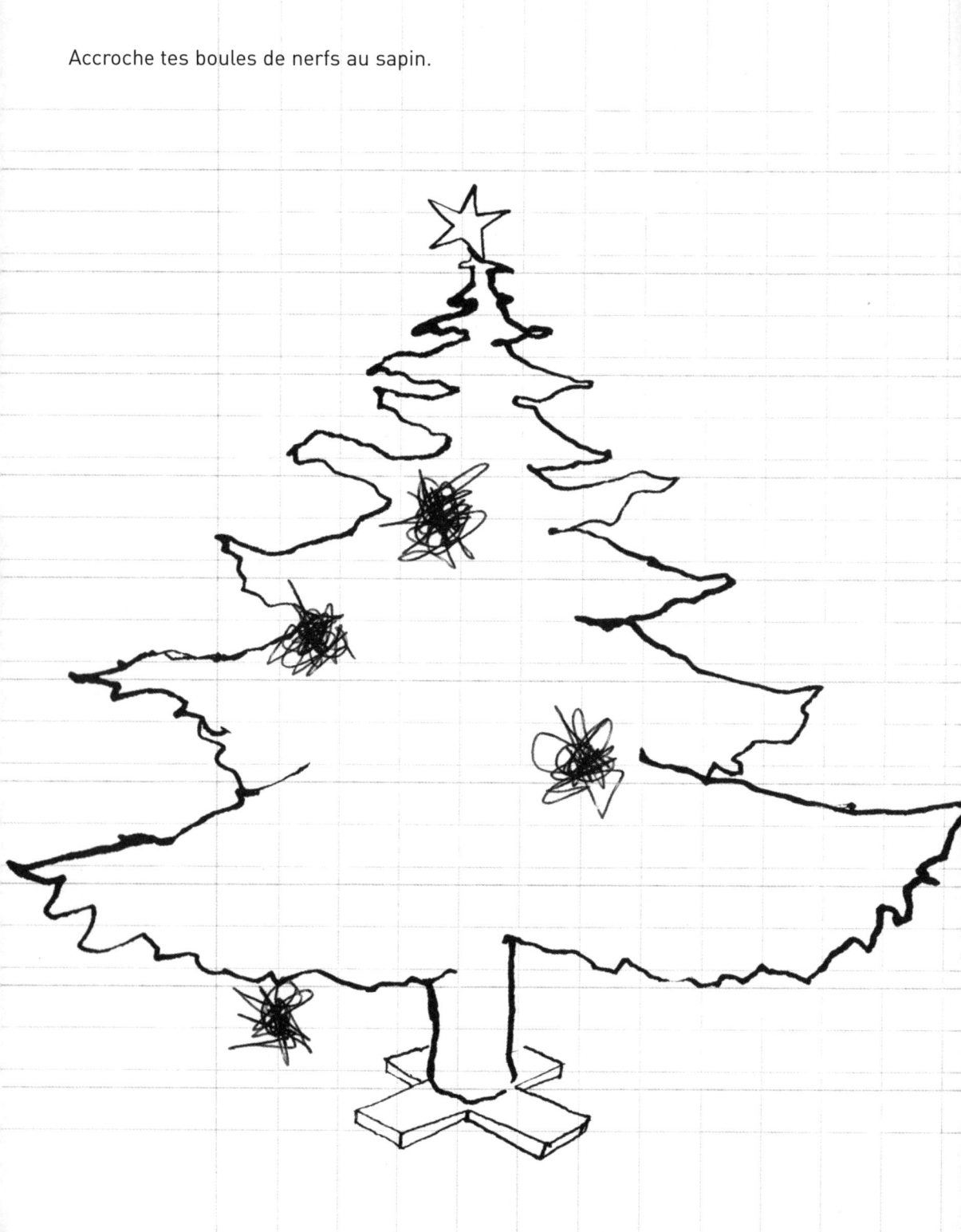

Fête des mères ! Relie les nouilles pour faire un joli collier.
Au lieu de le donner à ta maman, mets-le directement à la poubelle.

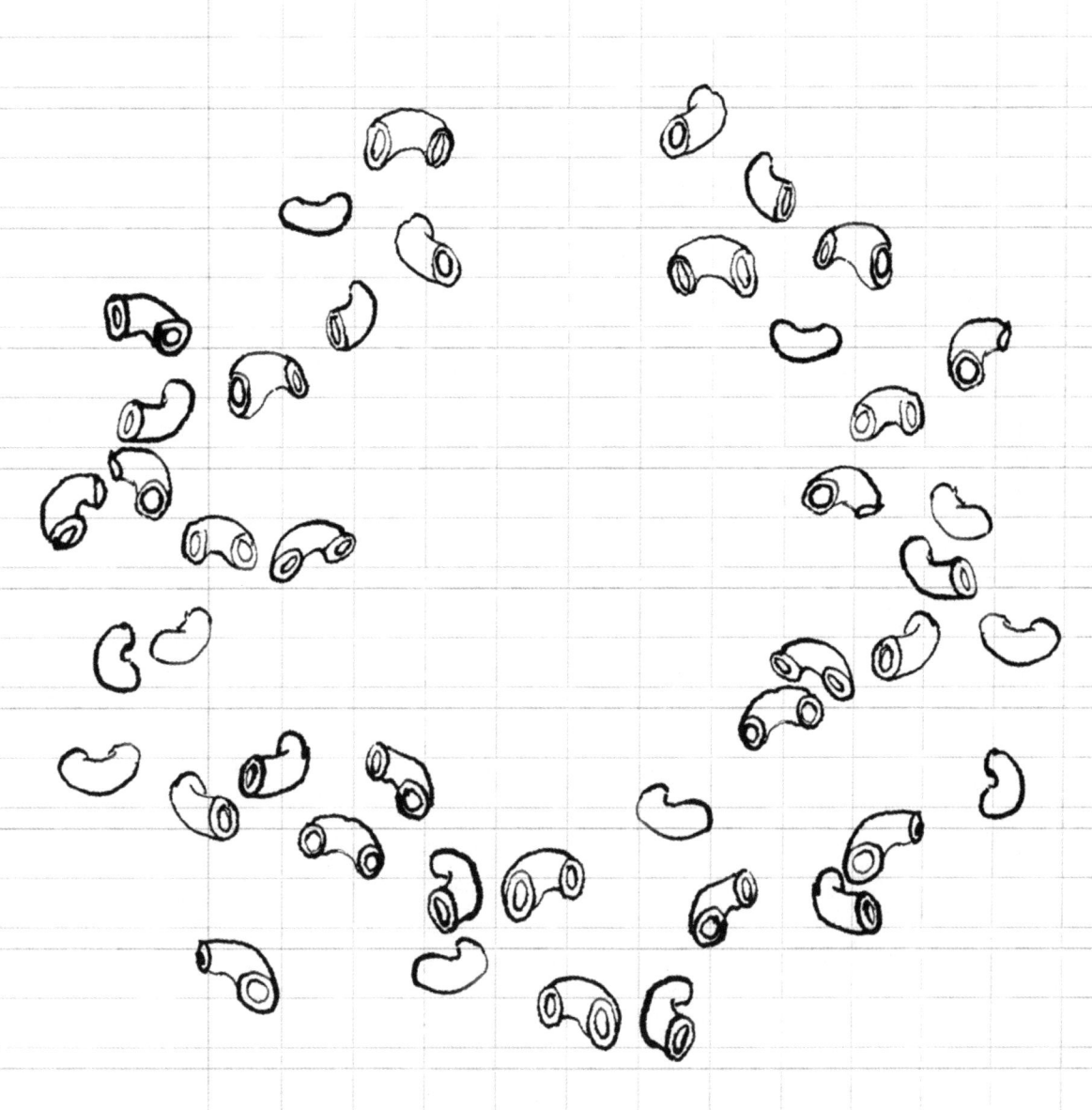

Raye le disque.

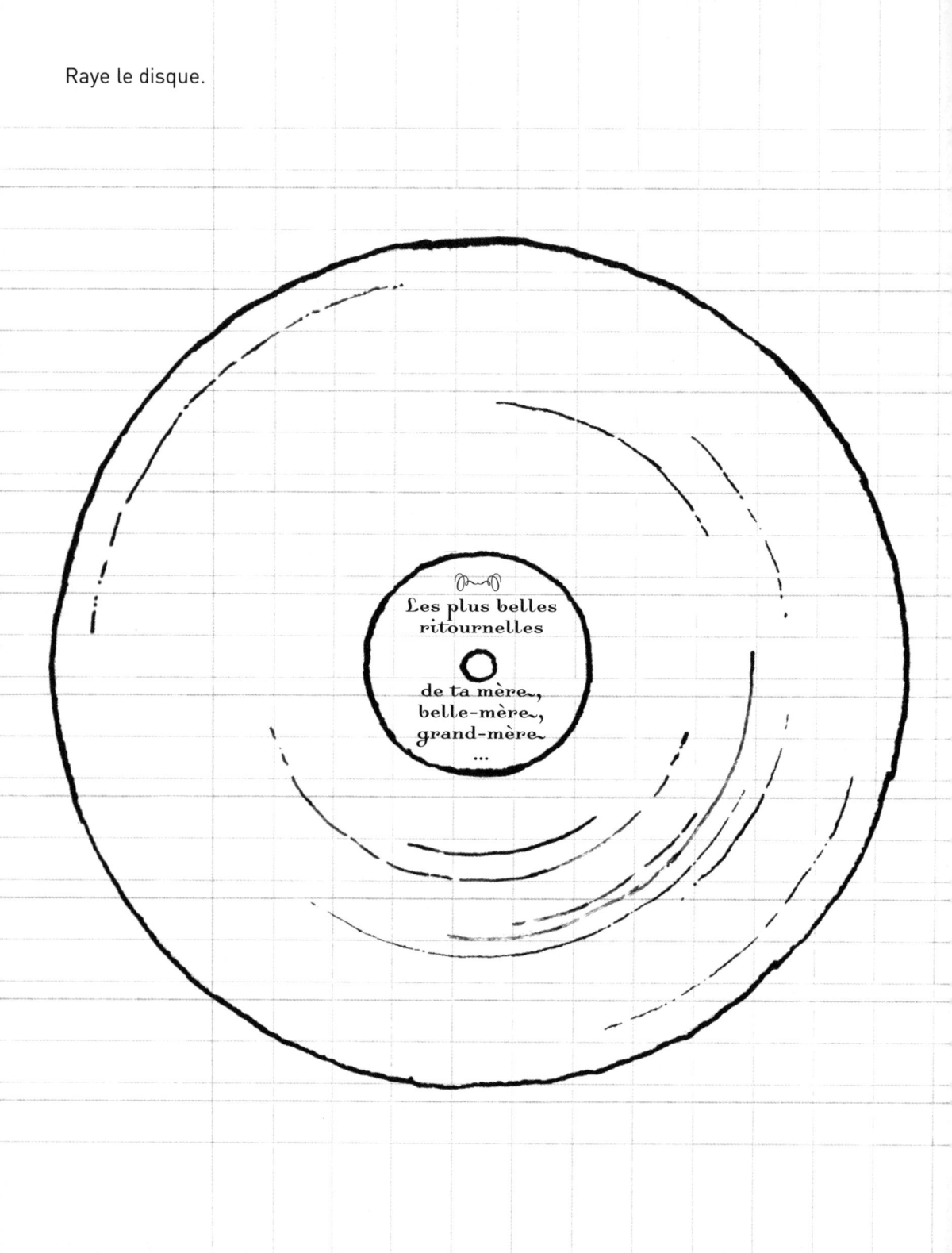

Tu veux tout oublier ? Fais-toi des trous de mémoire avec ta perforeuse...

Marre des vipères ? À toi de cracher ton venin.

Repas de famille. Quand tout le monde est bien dans son assiette...

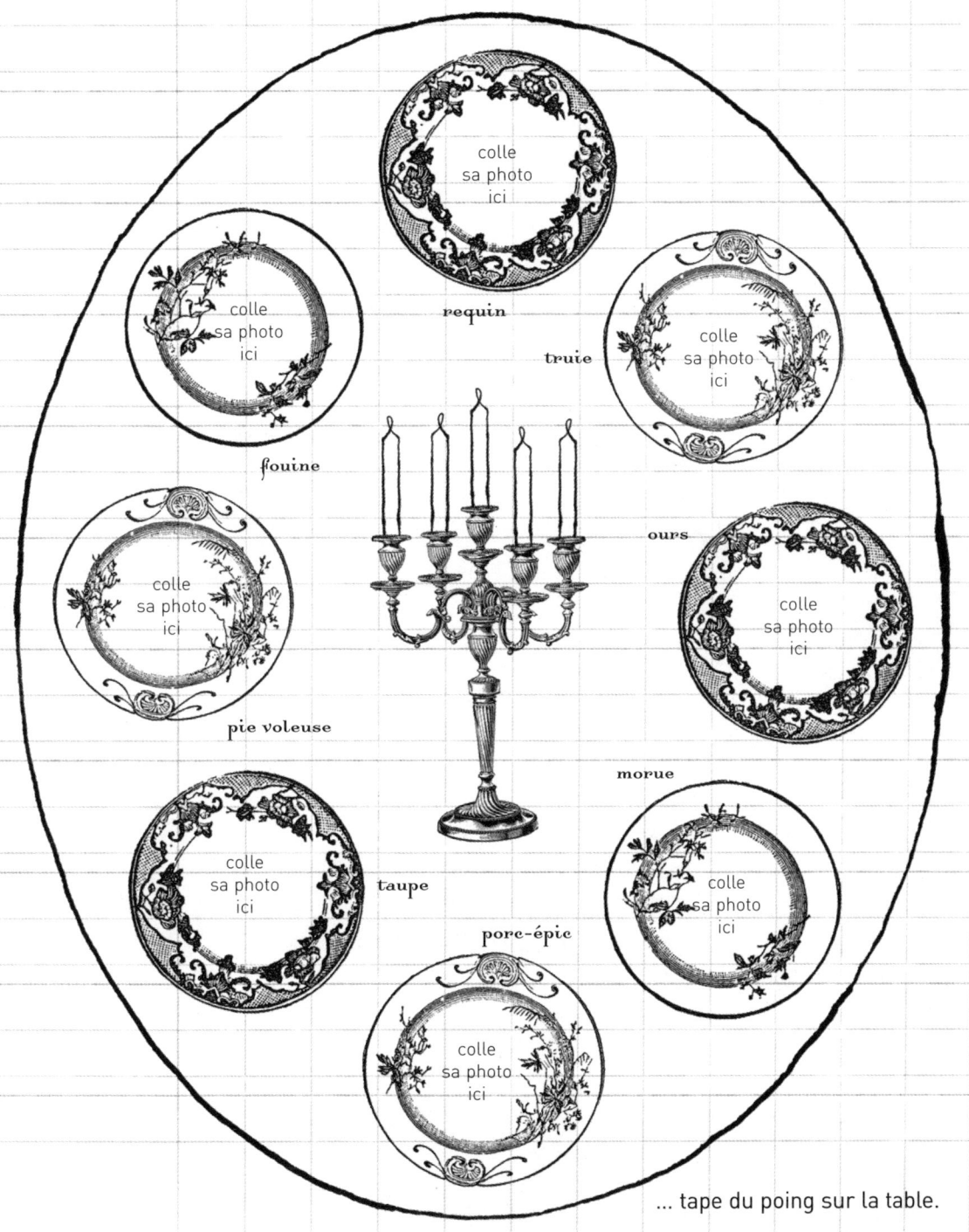

... tape du poing sur la table.

Le 31 décembre à minuit, demande à toutes ces inconnues de laisser leur empreinte de rouge à lèvres ici.

Pars avec celle-là.

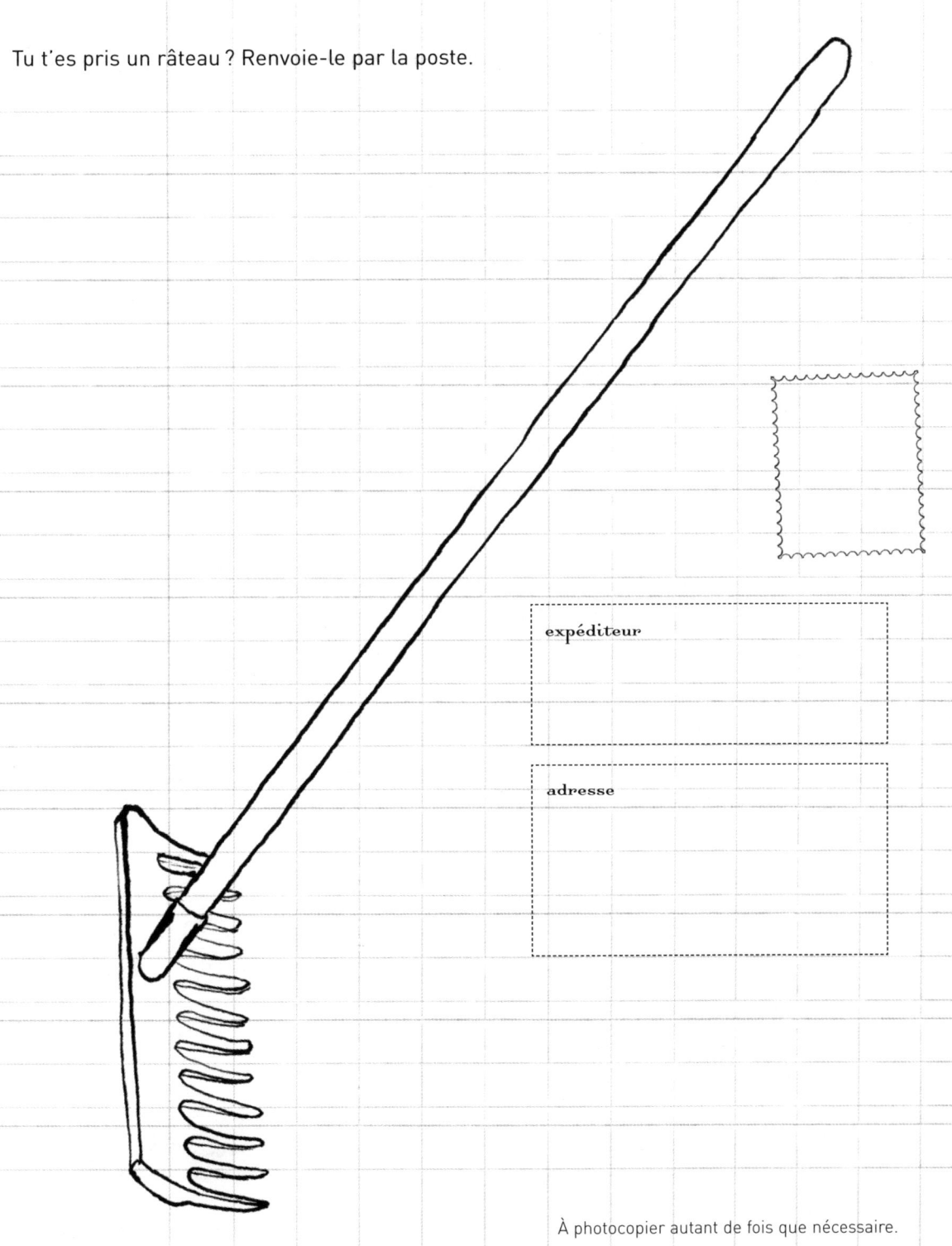

Facile de poser un lapin.

Pour refuser un dîner, voici des coupons-réponse.

Chers amis,
votre dîner me casse les pieds.

Chers amis,
je n'ai pas du tout l'intention de venir faire la cruche à votre dîner. Amusez-vous tout seuls.

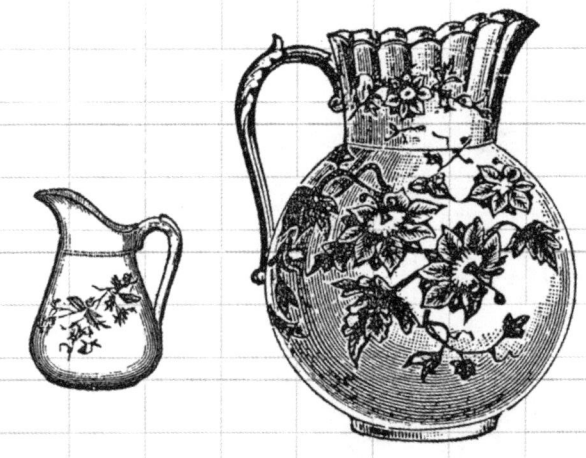

Trouve ta porte de sortie.

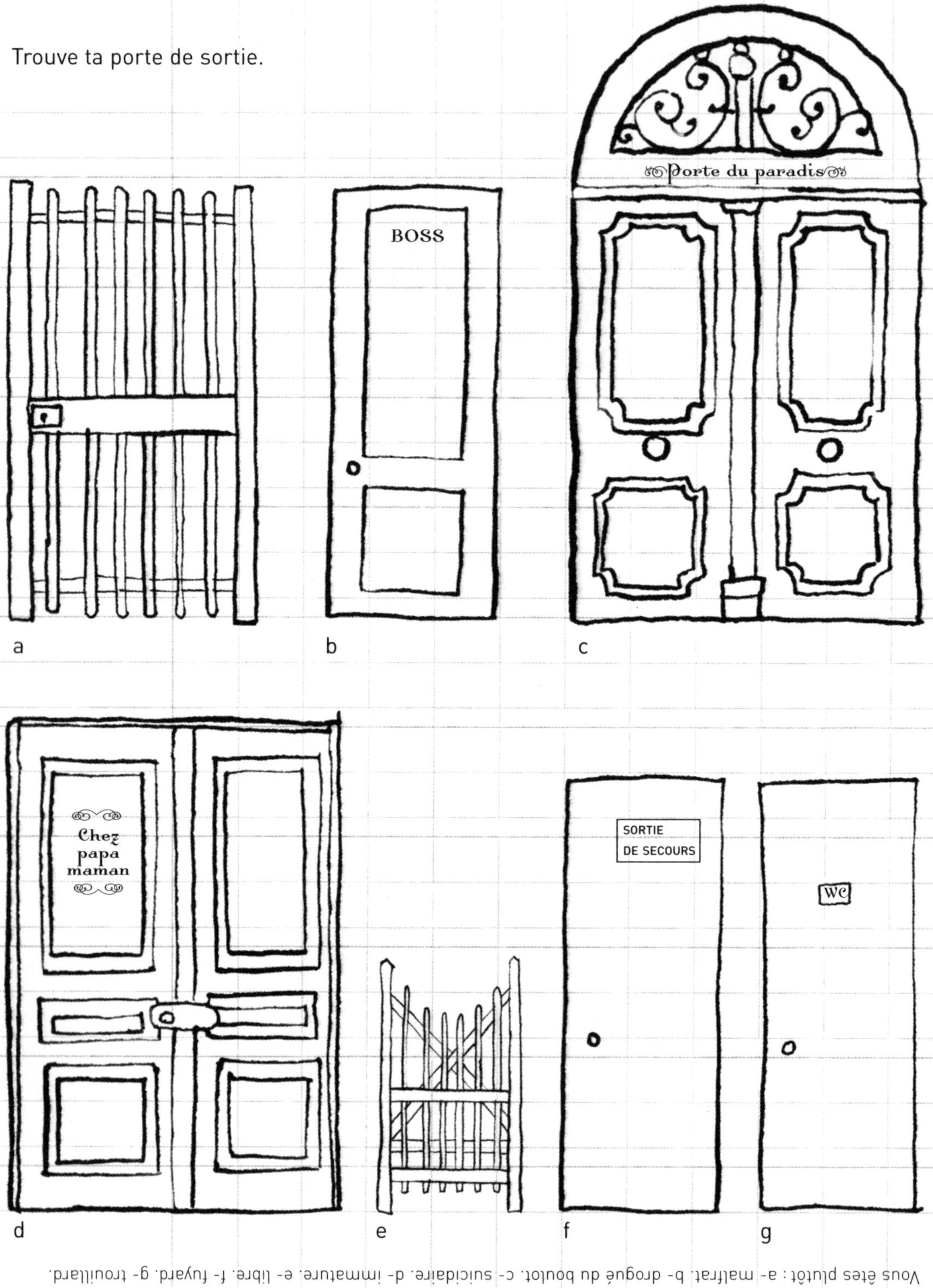

a

b

c

d

e

f

g

Vous êtes plutôt : a- maltrat, b- drogué du boulot, c- suicidaire, d- immature, e- libre, f- fuyard, g- trouillard.

Découpe la clé des champs, et ajoute-la à ton trousseau.

Il est temps d'abattre ton jeu et de prendre en main ton destin.

Aujourd'hui, Jérôme est rentré de son tour du monde,
il a changé de métier et de région.
Mathieu a tout plaqué... et toi ?